Alfred Graf

Weißblau und kreizfidel

Lach-Tabletten

a wenge süass – a wenge rass

Humorvolle Zeichnungen von Erich Fiedler

CIP-Titelaufnahme der Deutschen Bibliothek

Alfred Graf
„Weißblau und kreizfidel“:
Lach-Tabletten a wenge süass - a wenge rass / Alfred Graf.
Humorvolle Zeichn. von Erich Fiedler. - Trostberg:
F&W Mediencenter, 2013
6. Auflage
ISBN 3-925 249-53-2

Printed in Germany
Satz und Druck: F&W Mediencenter, Kienberg
Adresse des Verfassers: Alfred Graf, Hochfellnstraße 11
D-83308 Trostberg, Tel./Fax 0 86 21/29 04
eMail: Alf-Luc.Graf@t-online.de

Packungsbeilage

Lachen verlängert das Leben

So sagen die Mediziner. Nein, sie beweisen in wissenschaftlichen Untersuchungen, wie gesund das Lachen ist. Sie messen die gesundheitsfördernde und belebende Wirkung von Lachsekunden und Lachminuten.

Lachen verschönert das Leben

Wir suchen instinktiv nach Sonnenstunden, weil uns Wärme und Licht gut tun. Sonne bringt Wohlbefinden. Und Momente des Lachens sind wie Sonnenwärme, nach der es uns zieht.

Lachen verschönert uns selbst

Lachen ist die billigste und nachhaltigste Methode, sein Gesicht zu verschönern. Lachgezeichnete Gesichter sind sympathischer als grantige und hantige, als derbe und herbe, als muffige und schnuffige. Lach-Verweigerer und Lach-Flüchtlinge verschandeln sich selbst.

Gönnen Sie sich deshalb gelegentlich eine Lachtablette! Lachen Sie beim Staadlesen oder lesen Sie anderen Lachbedürftigen vor! Verschenken Sie an Kranke, an Traurige, an Ernste eine kleine Dosis dieser Lach-Puiverl!

Vui Freid wünscht Ihnen und Ihren Zuhörern Ihr

Alfred Graf

Bei Risiken und Nebenwirkungen plagen Sie Ihren Arzt oder Apotheker!

Inhalt

Aufs Mei gschaut

A wenge deppert san ma scho

A wenge deftig mögn ma's aa

Kindermund

Kindliches
und
Kindisches

Da Kropfert

Im Zug drin hockt a oida Mo,
langhaxert, dürr, da is nix dro.
Zum O'schaugn aber gibt's oan Grund:
Sei mordstrumm Kropf wiegt drei, vier Pfund.

Da Wimmer-Bubi wiesawie,
reißt 's Mei auf und schaugt oiwei hi.
Er sagt nix, gafft und stiert'n o,
den wunderscheenen Kropf vom Mo.

„Schaug net so deppert, schaug net hi!
Schaug endli weg, sunst frieß i di!"
„I hab koa Angst, – i sag's ganz trucka –,
zerscht muasst den andern obischlucka!"

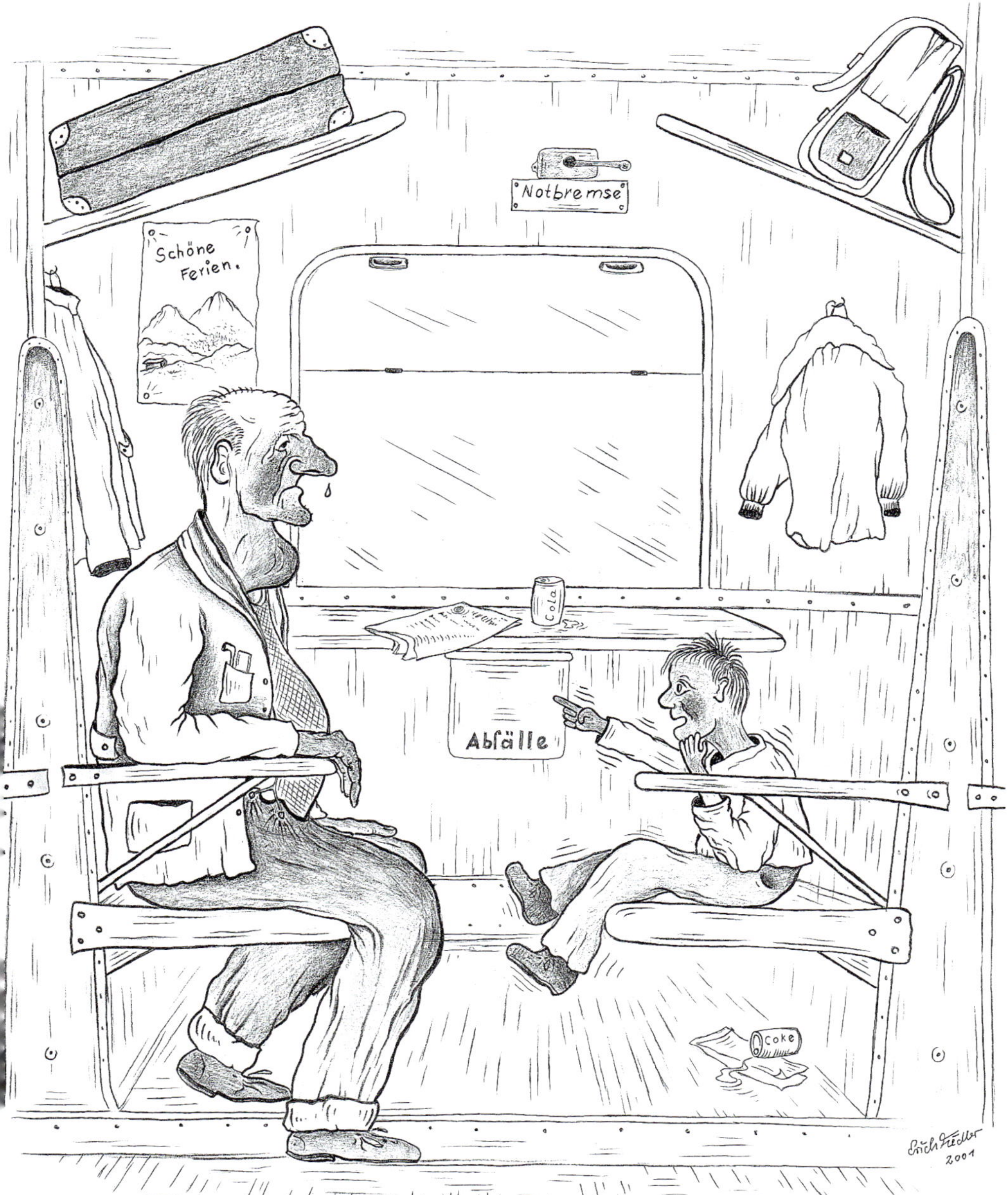
Notbremse
Schöne Ferien.
Cola
Abfälle
Coke
Erich Fiedler 2001

De komische Oma

*„Na, zur Oma mag i nimmer,“
schreit d' Liesi, rennt ins Kinderzimmer
und stampft und plärrt ganz wuid und laut,
wannsd' hi'hörst, kriagst a Ganserlhaut.*

*De Mama pumpert an der Tür:
„Spinn net a so! Was is mit dir?
Hör 's Plärrn auf und sei endli staad!
Geh außa, kimm, sunst werd i fad!*

*Mia fahrn zur Oma, geh jetzt weida!
Dees is für di dees Allergscheida.
De is so liab, de spuit mit dir
und liest dir dann no ebbas vüa.“*

*„Na, i mag net,“ plärrt de Kloa,
„bei dera bin i so alloa.
An ganzn Tag hockts in da Stubn
und hat nix o – dees is ma z'dumm.“*

*„Nix ooo??“ fragt d' Mama immerzu,
„de Oma hat nix ooo, sagst du?“
„Ja, nix hats ooo....
koan Fernseher, koan Radiooo.“*

De Tante Kunigunde

De liabe Tante Kunigunde,
de kloane, schepse, kugelrunde,
kimmt auf Bsuach – es is a Freid! – ,
de bringt was mit, drauf wartn d' Leit.

Und redn duats ohne Unterlass,
ma hörts aussi bis auf d' Strass.
Sie woaß so vui, sie redt, sie bafet,
sie driefet, schmatzt, sie quatscht, sie schwafet.

Vom Bubi is sie hingerissn:
„Du schaugst ma gleich, wia obagrissn!"

Da Bubi sagt:

„Dees is ma wurscht – o mei! – ,
schee muass a Bua net sei."

Gscheide Dumme und dumme Gscheide

*Da Schuirat mit sei'm oidn Karrn,
der muass heit zua a Dorfschui fahrn.
Da macht's an Nackler und an Ruckler,
da steht dees Glump und duat koan Zuckler.*

*Da steht er da, da guade Mo,
und suacht oan, der eahm helfa ko.
Am Bauernhäusl klopft und schreit er:
„I brauch a Huif – i muass schnell weida."*

*Da kimmt a Bua mit 10, 12 Jahr,
a wenge dreckert, lange Haar:
(und der sagt:)
„Jetzt huck di eini, lass'n startn,
...glei nomoi! --- Muasst a wenge wartn!"*

*Er hoit a Werkzeig ausm Haus,
ma siehgt's eahm o, der kennt si aus.
„D' Motorhaubn auf! Das wär gelacht,
das liegt am Luftansaugeschacht."*

*Und da schaugts her: Ein kleiner Fund,
und der Motor läuft wieder rund.
Da Schuirat fragt mit recht vui Gfui:
„Warum bist du net in da Schui?"*

*„Mei," sagt er, „der Lehrer, der hat scharf bestimmt:
‚Morgn bleibst dahoam, da Schuirat kimmt.
Da brauch i Gscheide, dees woaß jeder,
... und du, du bist da Allerbläder.'*

*Dees is net schee, dees duat ma wäh
vom Kopf drobn bis zur kloana Zäh.
Drum bin i froh, mei guada Mo,
wann i a'm <u>Dümmern</u> helfa ko.“*

Da Radl-Bubi

Da Bubi ko jetzt Radl fahrn,
wetzt wia'r'a Wuider auf sei'm Karrn,
er reckt an <u>rechtn</u> Arm in d' Höh
und schreit: „Mama, schaug, is dees net schee?"

Scho wieda kimmt er angebraust,
den <u>linkn</u> Arm obn, d' Haar zerzaust:
„Es geht auch ohne links," so schreit er.
D' Mama schimpft. Er is scho weida.

Da pretscht er wieder – herrschaftseitn! –
sie siehgt'n scho vo aller Weitn:
F r e i h ä n d i g   fahrt er – rrrum ums Eck,
bis d' Mama schimpft, da is er weg.

Dann is a Pause ----- ewig lang,
da Mama werd's jetzt angst und bang,
dann siehgts'n kemma ... wacklert zwar,
mi'm Renner is jetzt aus und gar.

D' Knia aufgfoin und 's Mei aufgstessn,
bluatert no an Dreck z'sammgfressn.
„Mei, sag, wo bist denn so lang gwe'n?"

(er, sprachgestört:)

„Schaug, wia i fahrn ko, ohne Zähn!"

Dees tropfnasse Bürscherl

D' Mama schreit: „Um Himmes wuin,
du bist tropfnass, kimmt dees vom Spuin?
Hast ebba drunt am Weiher gfischt?
Hat di d' Feierwehr dawischt?

Hat's gregnt? Bist einigflogn in d' Lacka?
I siehg di no im Baaz drin flacka.
Was habts'n gmacht? Was habts'n do?
Du bist tropfnass und stinkst a so."

„Woaßt, Mama, mia ham Hunderl gspuit."
„Jetzt red koan Schmarrn, sunst werd i wuid."
„Jo..., mia ham Hund gspuit, liabe Maam,
i war koa Hund,................ i war da Baam."

Da Lehrer in da Bauernschui

Da Lehrer in da Bauernschui,
der arme Deife hat net vui,
zaundürr und streng und reserviert,
doch vo alle respektiert.

De Bauern san scho guade Leit,
sie machan eahm recht oft a Freid:
Kartoffen bringans, Fleisch und Eier
... und erhoffen Einser, Zweier.

Da schleicht da Wiggerl hi zum Lehra,
er redt ganz staad, er sagt net mehra:
„Herr Lehrer, morgn in aller Fruah,
kriagn S' a Henn,... mia ham grad gnua.“

Am nachstn Tag, um hoibe achte,
da Lehrer schaugt und fragt ganz sachte:
„No, Wiggerl, hast mei Henn valorn?“
„Na,“ sagt er, „de is wieda worn.“

Dirndl, Madl, Weibaleit

Galantes
und
Charmantes

De Susi hat an Papagei

De Susi is a einsams Wei,
drum kauft sie si an Papagei.
Sie redt nix Gscheidts, sagt: „Du! Du Du!
„Wer bist denn du? Wer bist denn du?“

Dees hört da greane Papagei,
am ganzn Tag und lernt dabei
sunst nix zum Redn, krachzt immerzu:
„Wer bist denn du?“ „Wer bist denn du?“

Amoi, da steht das Gaskassier,
vor dera Dame ihra Tür
– sie war grad furt – da guade Mo
klopft freindlich an der Haustür oo.

De Stimm von drinn hört er im Nu:
„Wer bist denn du? Wer bist denn du?“
„I“, sagt er, „bin da Gaskassier,“
da hört er wieder durch de Tür:

„Wer bist denn du? Wer bist denn du?“
Blass werd er, schreit net „mäh“, net „muh“,
er bruit so laut ois wia r a Stier:
„I bin da oide Gaskassier!“

A hoibe Stund gibt er koa Ruah:
Er klopft, er schreit … de Tür bleibt zua
… und gwunna hat da Papagei,
bei dera bläden Plärrerei

Der Mo werd plötzlich rot vor Zorn
– er is scho längst ganz hoasrig worn –
schreit oimoi no: „… das Gaskassier“
… und bricht dann zsamma vor da Tür.

Dann flackt er da so bredlbroad,
dem Papagei, dem duat er load…
Doch glei drauf kimmt de Susi hoam,
sie siehgt n liegn – s Mei voller Foam –

Ganz aufgregt fragt sie immerzu:
„Wer bist denn du? Wer bist denn du?”
Da Papagei schreit durch die Tür:
„Da Gaskassier! Da Gaskassier!“

De gscheide Mama

Am Supermarkt a junge Mutti
suacht im Regal grad no a Gutti
und Chips und Cola aus'm Tragerl,
der Sohne-Mann schiabt 's Einkaufs-Wagerl.

Der pretscht ums Eck, oiss wacklt, zuckt,
und koana sagt was, koana muckt.
Da stesst der Bua an oidn Mo
zum drittn Moi vo hintn o.

„Geh, muass dees sei," fragt der verzweifet,
„dass Eahna Bua so umadeifet?"
„Mei liaba, guada, oida Mo,
Eahna geht dees gar nix o.

Mei Kind, dees derf si frei entfoitn,
nach eignem Wunsch sei Lebn gestoitn,
dees...derf...doa, ...was's wui,
da entwicklt sich vui Gfui."

Da guade Mo, der hört dees Gred
- recht lang streitn mag er net -,
er sagt: „Macha derf ma, was ma wui,
- ham S' gmoant, - dann entwicklt si vui Gfui."

Er schraubt a Honigglasl auf
und kippt's auf ihre Haar obn drauf.
Da sagt a Bursch vo wiesawie:
„Dees Glasl Honig, dees zahl i."

Dees oid Muatterl

„Stell dir vor, beim Nachbarn drent,
da is's passiert, da samma grennt:
A Heiwagn is zum Hof hoamzucklt,
hat si beidlt, gwacklt, grucklt.

A oids Muatterl fliagt vom Wagn,
flackt im Dreek drin - net zum Sagn,
da steckts im Baaz drin, in da Lettn,
da brauchst net fluacha, konnst bloß betn.“

„Und“, fragt er, „hats no glebt, hats gschrian?
Hats es dabräslt? ... brauchst net liagn.
Hats greart? Hats plärrt? Hats gfluacht?
Hats 's Bieß verlorn und hat sie's gsuacht?“

„Na, dee hams aussazogn vom Baaz,
da Nik, da Gustl und da Naaz,
hams packt, hams aufghobn dann vom Bodn,
hams nachher o'gschaut unt und obn.

Hams abputzt, druckagriebn mi'm Hadern,
dann sagt da Bua zum oidn Vadern:
‚Da, stell di umi wiesawie
... und schraub dees Muatterl wieda hi!“

Da Blick nach obn

Z' Burghausn drunt, drenta da Grenz,
am Bankerl hockt de oide Zenz,
sie strickt und stochert in da Woi,
da macht's „blb, blb, blb", was dees woi soi?

Dann scheppert's wuid am Himme drobn:
„blb, blab, blub, blab, blb, blb, blb"
................- da wachet's oba bis zum Bodn,
a Mords-Maschin fliagt übers Dach,
sie ziagt an Kopf ei, zahnt ihr nach
und überlegt, was kunnt dees sei?
...Da foit da frommen Zenz was ei:

„De blädn Bauern, drent in Bayern,
de ham koa Zeit zum Sunntagfeiern:
Ackern deans und Baam umhaun,
dreschn, heign, Kartoffe klaubn."

„Dees gfreit mi", sagts und lacht zahnluckat,
„moanst, dass de dees Gwissn druckat."
Dann schaugts nach obn ganz schadenfroh:
„Jetzt is da Mähdrescher davo!"

Erich Fiedler
2001

Vorsicht, Giftschlangen!

Da Papa sagt mit ernstem Gschau:
„Gehts net barfuaß durch de Au!
Kreizottern, Broadling, Salamander,
de treibn si dort oft umanander.

Baazig is's und richtig gfährlich,
a Giftschlang beißt – und samma ehrlich:
‚Tod durch Biss', dees is net schee,
da konn ma aa mit Schuah durchgeh."

„A so a Schmarrn, a so a bläder,"
sagt d' Schwiegermuada, „dees woaß jeder,
dass d' Schlangen abhaun, wanns oan sehng.
Jetzt bleibts steh und warts a weng!"

D' Schuah ziagts aus und lacht recht frech
und watschlt los – und da hats Pech:
A Giftschlang beißts in d' große Zäh,
da machts an Schroa und springt in d' Häh.

Und sie plärrt schwiegmuaderisch:
„Geh zua, du Mistviech! Schleich di! Zisch!"
Und es dauert gar net lang,
da wars hi, de arme Schlang!

Sie & er
und
er & sie

Herziges
und
Scherziges

An Mo gfundn

„Mei, Mama, i bin überglücklich,
i hab an Mo, so appetitlich,
der is so nett, der macht so warm
und fleißig is er und net arm...
...bloß raucha duat er, draußt und drinna...“
„Den nimmst net – denn dees werd schlimmer.“

Zwoa Wocha spater hats oan gfundn,
oan, der net raucht, an ganz an Gsundn,
der is net gwampert, is net scheps,
a scheener Mo, dees is scho ebbs...

Bloß manchmoi is eahm alles wurscht,
da hat er dann an mordstrumm Durscht.
De Mama redt ois Frauenzimmer:
„D' Händ weg, d' Sauferei werd oiwei schlimmer!“

Dann dauert's fünf, sechs Wocha lang,
- jeds Moi is dees a schwarer Gang -
zu de Buam und Mannerleit,
de saufan, rauchan wia net gscheit.

Dann endli is sie hingerissen,
- sie hätt si fast a'n Bodn hi'gschmissn -
sie hat oan, der net sauft, net raucht,
der net vui ausgibt, net vui braucht.

„Du, Mama,“ sagts, „was soi i doa?
... der raucht net, sauft net, bloß dees oa:
Er is a Schmuser und a Tapper.“
„Den nimmst,
denn dees lasst nach, dees siehgst beim Vater.“

Und i brauch koan Mo

„Du, Gretl," sagts, „ma braucht koan Mo,
a so is ma vui besser dro.
Viecher braucht ma. I hab drei:
an Hund, a Katz, an Papagei."

„Geh, red koan Schmarrn! Dees konn's net gebn,
ganz ohne Mo ko ma net lebn."
„Na, nix geht ab. Ganz gwieß, na, na,
oiss, was a Mo duat, konn 's Viech aa.

Mei Dackl knurrt mi dauernd o,
der zoagt ma d' Zähn ois wia a Mo.
Mei Papagei, der quatscht, der fluacht,
hoit an Kopf schiaf und der suacht
an Grund zum Schimpfa und zum Plärrn,
de Manner mögn dees aa recht gern.
Mei Kater schaugt auf junge Mäuschen
und stolziert von Haus zu Häuschen.
Und hoam kimmt er nach Mitternacht,
i brauch net fragn: ‚Was hast'n gmacht?'

Alle mögns mi, dees is gwieß.
Sie machan nia a grantigs Gfrieß.
Sie schaugn mi o und hörn ma zua,
und wann i s' fuadert, gebns a Ruah.

De Viecherl werdn mi nia net bscheißn,
drum brauch i s' aa net außischmeißn.
I bin so zfriedn - i bin so froh,
a jeder siehgt's: I brauch koan Mo."

Da Kanibalen-Papa

*Da Kanibalen-Papa und sei Bua,
de suachan Fleisch in aller Fruah.
Im Urwoid schleichans umanand,
da sehngs und hörns so allerhand.*

*Junge Affn, oide Keibi!
„Ui, da schaug hi, a Menschnweibi!
Langhaxert, dürr und voller Boana,
saxndi, de mag hoit koana."*

*„De lass ma laffa," sagt da Oid.
Da Bua hat Hunger. Doch scho boid
sehngs a Dicke, Liabe, Nette,
gwampert, gstumpert, ganz a Fette.*

*„So vui Fett, dees is net gsund,
da werst selber kuglrund,"
moant da Papa, „mia san gscheida,
da bleibn ma liaba Hungerleida."*

*„Ui, Papa, schaug, sag, siehg i gscheid:
A wunderscheenes Weiberleit!"
„De fress ma net - wo samma?
De nehma mit ... und fressn d' Mama."*

Da stolze Miche

*Da Miche hockt am Cheamsee-Steg,
er schaugt ins Wasser, rührt si net,
ma siehgt's eahm o, er is begeistert,
de Leit bleibn steh und hörn entgeistert:*

*„Mei, pfundig, bärig, da schaug hi,
mei Oide is a Mords-Schenie!
Ma möcht's net glaubn, de hat a Schneid,
Respekt! Respekt! Mei Weiberleit!*

*Gestern hats net schwimma kinna,
dann hats es glernt - jetzt konns dees Schwimma.
Sie is scho a varreckter Hund,
jetzt tauchts scho länger wia a Stund."*

De Kath und d' Resi

*„Ja, griaß die Kath, was zahnst denn so?
Geh weida, sag, wia geht's ein' Mo?"
„Ja mei, krank is er net und aa net müad,
aber den ganzen Tag recht deprimiert."*

*„Was?...depp-prämiert is jetzt dei' Mo?
Was hat er gmacht? Was hat er do?"
„Mein Mo ...– dees sag is unscheniert –
... den hams no nia ois Depp prämiert."*

Maul- und Klauenseuche

Da Kare sagt:

„MKS und BSE
bedrohen uns - dees is net schee.
Zerscht trifft's de Schaferl und de Küah,
und warts a weng - und dann san's mia.

Gegn BSE, da konnst nix macha,
dees is zum Woana, net zum Lacha.
Gegn MKS, da brauchst net schimpfa,
da gehst zum Dokta, lasst di impfa!"

Da Toni hört sei'm Spezl zua.
Am nachstn Tag in aller Fruah
schickt er sei Mare hi zum Dokta:
„Impfen gegen MKS!" so sagt er.

Nach drei Wocha fragt da Kare:
„Hat 's Impfa gholfa bei da Mare?"
„Mei," sagt er, „klaun duats nimmer,
aber 's Mauln werd oiwei schlimmer."

Da Franzi is koa dummer Hund

„Sakradi, dees Bier war zvui,
i ko kaam steh, i hab's im Gfui,
jetzt wann i hoamkimm, himmeblau,
dann macht mei Oide an Radau."

So redt da Mittermeier Franzi.
Er moant, sei Oide werd glei ranzi,
wann er einischleicht zum Schlaffa,
da werds keifa, da werds gaffa.

Er wacklt staad zu seiner Sophe,
- am Bod'n da flackan de Pantoffe -
er stoipert, krabbelt, ziagt an Kopf ei,
sei Sophe draht si, schiabt an Schopf nei.

„Geh, Lumpi," graunzts hoibwach und zwider,
„jetzt gib a Ruah und leg di nieder!"
Dann hats dees Handerl aussagstreckt,
da Franzi hats am Pratzerl gschleckt.

Und da Franzi is net bläd,
er spuit den Lumpi wia's grad geht.
Er knurrt, er winslt unentwegt
und hat si nebers Bett hi'glegt.

Jetzt schleckt er aus'm Wasser-Schüsserl,
er macht an Schnapper, faucht a bisserl.
Sei Bläschl macht laut schlapp, schlapp, schlappi,
dann frisst er no a weng a Schappi.

Allmähli werd eahm 's Hundspuin z'dumm,
... da endli draht si 's Sopherl um
und schnarcht und ruasslt laut und grob,
... da Franzi schlaft im Lumpi-Korb.

Da Mare geht's guad

„Ja, grüaß di, Mare, guad schaugst aus,
i moan, du lebst in Saus und Braus.
Drei Jahr ham mia uns nimmer gsehng,
da Dei, da Mei san Spezi gwen...“

„Mei, woaßt, zerscht war's scho furchtbar arg,
doch jetzat kriag i 1000 Mark
ois Unfall-Rente für mein Mo,
dees stimmt, i leb recht guad davo.“

De Kath hört zua und schaugt recht bläd,
wia s' hört, wia guad's da Mare geht,
reißt 's Mei auf, zahnt und gafft und schluckt,
dann stotterts los, ganz scheps vadruckt:

„Den Dein,... den hat da Baam daschlagn
und du,... du brauchst di nimmer plagn.
... und mei Lalli, herrschaftseitn,
macht an Schroa....und springt auf d' Seitn.“

Schlawiner
und
Schlawuzi

Trotziges
und
Hinterfotziges

Da gwampert Gust

Da gwampert Gust
hat an Glust
nach am Trumm Ganserlbrust.
Hams'n gfragt,
hat er gsagt:
„Fett is mei Lust!"

Oiss, was fett is, mag er gern,
dees konnst hörn,
wia'r'a schmatzt,
einibatzt,
einidruckt,
abischluckt,
no a Trumm,
waar net dumm.

Und er schnauft,
und er sauft
no a Bier,
drei a vier.

No a Trumm
waar net dumm,
einidruckt,
abigschluckt,
einibatzt,
hintre gschmatzt.

Und er schnauft,
und er sauft
no a Bier,
drei a vier.

In der Fruah,
hoamwärts zua,

hat's'n grissn,
hat's'n gschmissn,
bleibt er liegn,
hat er gschpie'm,
flackt im Baaz,
kimmt da Naaz,
sieht'n flacka
in da Lacka

(sagt er:)

„Du brauchst de Letzte Ölung jetz!"
Da Gust, der röchlt: „Bloß nix Fetts!"

De Scheibenwischer

„Grüaß Good, san Sie da Gottfried Fischer?
Bei Eahna fehln de Scheibenwischer,
dees derf net sei, so geht das nicht,
das bringt Gefahr durch schlechte Sicht.“

„I gib’s ja zua, Herr Polizist,
dees war net gscheid, dees war a Mist,
wenn’s regnt, wenn’s schneibt, dann siehg i nix,
... springts auf d’ Seitn, sappradix!“

Schuid is bloß die Polizei,
- i motz ja net, i hoit mei Mei -
de Polizei, de war so gschert,
da hab i mi dagegn gwehrt:

De Wischer hab i abmontiert,
de ham mi länger scho scheniert,
da hängt vo Eich - so scheps, so schiaf -
fast jedn Tag a Bettlbriaf.“

Da boarische Wecker

Da Heilig Vadda hat vui Diener,
sogar an Luggi, den Schlawiner.
Jedn Tag beim Achte-Schlagn,
muass er klopfa und dann sagn:

„Guad Morgn, Herr Papst, i sag's ganz sachte,
d' Sunn scheint heit, und es is achte."
„Ich danke dir, mein lieber Sohn,
der Herr und ich, wir wissen's schon."

Drei Monat lang, da saust er, schafft er,
und eines Tages, da verschlaft er.
Und er rennt zum Papst sei'm Zimmer,
er liagt wia druckt - es geht net schlimmer:

„Guad Morgn, Herr Papst, i sag's ganz sachte,
d' Sunn scheint heit, und es is achte."
„Ich danke dir, mein lieber Sohn,
der Herr und ich, wir wissen's schon."

„Ees wissts an Dreek, i woaß nix Guads:
Zehne is's....und regna duat's."

Da Alkohol verpfuscht ma 's Lebn

*„Ja, Herr Richter, i gib's zua,
vom Alkohol, da hab i gnua:
Zwoa Weißbier und fünf Glaserl Wein,
jetzt is er furt, da Führerschein.*

*Sie ham scho recht, i streit's net ab,
dass i a weng zvui gsuffa hab,
bevor i grauft hab, drunt beim Wirt,
der Hamme hat mi provoziert.“*

*„Und?“ fragt da Richter unverdrossn,
„Sie ham auf d' Schwiegermuatta gschossn?
Ich nehme an, - so war es wohl -,
schuld war auch da der Alkohol.“*

*„Ja, i bin a Mords-Hanswurscht,
dee wann i siehg, da kriag i Durscht,
ja, i hab gschossn...fix danebn,
da Alkohol verpfuscht ma 's Lebn.“*

Hunde-Quälerei

„Mei liaba Mo vom Tierschutzbund,
i brauch Sofort-Huif für mein Hund.
Dees bläde Gschwerl, de bäsn Leit,
de ham koa Gfui, de san net gscheid.

Erscht neili kimmt a oida Mo,
der hat a scheene Hosn o.
Da Hasso war ganz hingerissn
und hat bloß in sei Hosn bissn.

Da macht da Oid a so a Gschieß,
da war sei Hax scho drin im Bieß.
Da schreit und plärrt der oide Bock,
und seitdem hat da Hund an Schock.

Und heit, da kimmt da Postbot gradlt,
da Hasso hat si zuawigwadlt.
Jetzt hockt da Postbot, dieser Kund'
am Baam drobn, und er schimpft mein Hund.

Ja, derf dees sei, so frag i mi,
an Hund sei Seel, de werd boid hi
vom Schimpfa, Stessn, Plärrn.
Warum ham de mein Hund net gern?"

Erich Fiedler
2001

Narrische suacha

Im Irrenhaus hat's neili brennt,
n e i n Narrische san aussigrennt
ins Dorf, in d' Stadt und woaß Gott wo:
„Da brennt's! Da brennt's! Nix wia davo!"

Dann ham sie s' gsuacht, de armen Deife,
dees war net oafach - ohne Zweife:
Da Herr Direktor, der is schlau,
drum erklärt er's ganz genau:

„De Narrischn, de kennts ja glei
an eahnra blädn Schmatzerei.
De quatschn los und hörn net zua,
de doan recht gscheid und gebn koa Ruah."

De Suacher, de san schnell davo
eini in d' Stadt, in jeds Büro,
de ham si plagt, de ham si gschundn,
de habn n e i n a d r e i ß g e gfundn.

Koarl und Bene – Grenzprobleme

Da John vo England mit sei'm Karrn,
der is amoi nach Öst'reich gfahrn.
An der Grenz, da gibt's Probleme
mi'm Zöllner Koarl und aa mi'm Bene.

„Stopp!" plärrt da Koarl scho von da Weitn.
Dees Auto hoit, - er springt auf d' Seitn.
„Koarl, schreib!" so moant da Bene streng,
„das Lenkrad rechts, der is plemplem."

Da John jetzt aus'm Fenster zahnt
und fragt recht bläd: „What do you want?"
Da Bene klatscht si aufn Bauch:
„Koarl, schreib dazua: ‚Er lispelt auch.'"

Dann schleichans um dees Auto uma
und sehng de komisch Autonummer,
danebn a großes Ge und Be,
da bleibns zerscht moi a Zeitl steh.

Dann sagt da kasig Bene staad:
„Geh, zreiß den Fetzn, sunst is's z'spat.
Dees G und B - dees woaß i fei -
hoaßt „Griminal" und „Bolizei".

An der Rauschberg-Kante

Z' Ruahpading, z'hächst in da Häh,
Japaner, Preißn schrein juchä,
ganz vorn dro am Rauschberg-Eck,
da steht a Bayer - ja varreck! -:

Lederhosn, Hosntrager,
an Voibart wia a oida Jager,
dürre Wadl, Haferlschuah,
plattert, aber Gamsbart gnua.
's Wamperl wacklt auf und nieder.
„Mensch, da schaug hi, jetzt singt er wieder!"

„Siii...ma...zwanzg," so schreit, so plärrt er
und deit ins Toi...und lustig werd er.
Dann juchezt er - ja kruziwuzi! -
was hat er denn, der frech Schlawuzi?

„Was ist hier los? Was tun Sie da?"
fragt dann ein Herr aus Blablabla.
„Siii...ma...zwanzg," plärrt er nomoi,
mi'm gstrecktn Arm deit er ins Toi.

Der feine Herr kommt näher ran
und kuckt ins Tal - und irgendwann
kriagt er an Stesser von dem Mo,
der jubiliert, so laut er ko:

„Aaa...chta...zwanzg, juchä duljooo!"

De flache Henn

Da Meier Gustl mit sei'm Karrn,
der hat a scheene Henn z'sammgfahrn:
Bredlbroad und ganz dadätscht,
ins Hinterradl einiquetscht.

Er bleibt steh und geht ganz schleini
beim Gartntürl zum Bauern eini

(und fragt:)

„Is dees dei Henn? So red!"
„Na, so flache hamma net."

Aufs Mei gschaut

Mund-Artiges
und
Andersartiges

Preißln duat's

Preißln duat's - 's werd langsam koid,
da Nordwind waht durch unsern Woid,
frisch und zackig, oiwei laut,
wosd' hi'hörst, kriagst a Ganserlhaut.

„Grüaß Good", dees hoaßt jetzt nur no „Tachchch!"
so kurz, so scharf, da werst scho wach.
„Pfüa Good" und „Pfüatdi", „hab i die Ehre!"
hoaßt „Tschüss" moant d' Mare, unser Märi.

Und „na", dees hoaßt jetzt „nö" und „nee",
is dees net „dufte", dees net schee?
Die Jungs und Mädels, aufgegeilt,
san super drauf und richtig gsteilt.

Knabbern soist und nimmer fiesln,
pinkeln soist und nimmer biesln,
kucken soist und nimmer schaugn,
... de moanan, du hättst Batzl-Augn.

Rotkohl gibt's und Frikadellen
und Brötchen, - woaßt dees san die hellen,
und d' Loabi hoaßn Roggenbrötchen,
und d' Pratzerl san jetzt bloß no Pfötchen.

's Christkindl hoaßt jetzt Weihnachtsmann,
da is dann meistens ebbas dran
vom Weihnachts-Fasching-USA:
Klingeling und bumsdrara.
Der Weihnachtsmann, der schaugt so aus,
ois waar er bloß a Nikolaus.

Dees Fernseh-Deitsch is Einheitsbrei
fürs Hirn, fürs Herz und aa fürs Mei,
koa Würze und koa Nestgeruch
..huch!

Der liabe Nordmensch soi so redn,
mia wünschn eahm a recht langs Lebn,
aber net da echte Bayer,
net da Huaber, net da Maier.

Preißln duat's ... 's werd langsam koid,
da Nordwind waht durch unsern Woid,
frisch und zackig, oiwei laut,
wosd' hi'hörst, kriagst a Ganserlhaut.

Sei still!
- auf boarisch -

Sei staad und dua net nachemotzn,
hoit dei Goschn, hoit dei Fotzn!
Hoit dei Mei und hoit dein Schnabe,
von da Babbn bis zum Nabe!

I konn's net hörn, dees bläde Gschmaaz,
hoaße Luft und Rüassl-Baaz.
A so a Krampf, a so a bläder,
Baafe, Kaas, dees gspannt doch jeder.

Dua net bläcka, dua net benzn,
dua net zahna, dua net trenzn,
dua net driefen, ratschn, schwafen,
dua net wuisln, schmatzn, bafen!

Sei net zwider, sei net grantig,
sei net gschert und sei net hantig,
sei net deppert, doikert, dotschert,
sei net o'pritscht, douschert, lotschert!

Sei staad!

Zugabe:

„Du redst aa bloß, weilst a Mei hast,
wannst an Schnabe hättst, daatst pecka."

Die Englische Krankheit

De deitsche Sprach is a Patient
mit Infektion vo England drent:
Wimmerl, Fiaba, Bladern
im Hirn und auf da Schnadern.

Wosd' hi'schaugst, kimmst da deppert via:
Teenies, Kids stehn vor da Tüa,
's Mei hams voller Englisch-Brocka,
da konnst di bloß no niederhocka.

Sie beiken, schoppen, ham vui Fann,
dees gfoit da Oma und da Mamm.
Und 's Autfit und da Fastfuud-Fraß
is aa net bläd - dees is scho was.

Boid wern de gscheidn Minis plärrn
- mia Oidn kinnan's nimma hörn -:
„Du, Däddy, woaßt, i sag's ganz kuul,
i muass jetzt ganz schnell in den Puul.

I mächt mein Boddi geil riläxn,
a weng a Pauer einihexn,
oupen Är, was wui ma mehr,
irgend a Ivent muass her.

Autdoor-Äktschn kruzinäsn,
da werst so schnell koa oide Schäsn,
jang und häppi --- dees is schee."

(www. bläde deitsche.de)

Sparsame Leit

Drei liabe Leit vom Schwabaland,
da Guscht, da Wascht, da Ferdinand,
san billig ausg'rüscht, spaaarsam halt,
de rutschn in a Glätschrrr-Schpalt.

Und tiafrrr geht's - sie bleiba schtecka,
„Hilfe!" schreins, „'s isch zum Varrecka!"
Da endli hörns an Helikoptrrr,
grad über eahnrrr steht rrr, stoppt rrr:

„Hier spricht zu Eich das Rote Kreiz,
... das Rote Kreiz. Jetzt schreits! Wo seids?"

Da Guschtl plärrt:

„Noi, liabrrr Herr,
da gebat ma nix her."

BRK
2001

Brave Baura

So brave Baura, drei a viera,
helfa mit beim Renoviera
von da Kirch. A jeder tragt
so a Figur, stellts auf 's Mäuerle und sagt:
„O, Heiligrrr, so bitt fürrr mi!“
bekreuzigt si und stellt'n hi.

So schleppans aussa, stapfns eina,
vo sieba bis um halba neina.
Sie schnaufa schwar durch Dreek und Letta,
und nebabei da hört ma s' betta.
De Heiliga tragns durchn Baaz:
den Pankraz, Servaz, Bonifaz.

Und da oi, de arme Haut,
redt zerscht staad und nacha laut:
„Mei Heiligrrr, der isch no warrrm,
i gschpürrr's am Bauch, i gschpürrr's am Arrrm“.
„Brrringn zrrruck, sunscht krrriagscht an Tuscha,
du hascht an Mauerrrer dawuscha.“

Komplimente

Da Zug fahrt los. Da kimmt no oaner,
so a Netter, Dicker, Kloaner,
der rennt, wia'r'a grad renna ko,
... und er schafft's, der guade Mo.

„Jetzt bist glaffa wia a Zamperl,"
moant da oa und deit aufs Wamperl.
„Mein Herr, so spricht man nicht mit mir.
Ich bin ein Mensch, ich bin kein Tier."

„Nix für unguad, liaba Mo,
i moan's net bäs, i red bloß so.
I hab beim Fenster aussigschaut,
und sag zu mir so hoibert laut:

‚Der hupft und springt ois wia'r' a Has,
schwitzt wia'r'a Sau, sei Gsicht is nass,
dees is koa Rindviech - frisch und gsund -,
dees is koa Aff, dees is a Hund!

Koa dummer Hund, na a varreckter,
koa müada Hund, na a aufgweckter,
koa bläda Hund, a raffinierda,
koa gscherta Hund, na, ganz a liaba.'

Grüaß Good, Herr Mensch!"

Mundart im Paragraphen-Dschungel

(Aus einer amtlichen Verlautbarung der früheren Bundespost:)

Der Wertsack ist ein Beutel, der aufgrund seiner besonderen Verwendung im Postbeförderungsdienst nicht Wertbeutel, sondern Wertsack genannt wird, weil sein Inhalt aus mehreren Wertbeuteln besteht, die in den Wertsack nicht verbeutelt, sondern versackt werden.

Das ändert aber nichts an der Tatsache, dass die zur Bezeichnung des Wertsackes verwendete Wertbeutelfahne auch bei einem Wertsack Wertbeutelfahne genannt wird und nicht Wertsackfahne, Wertsackbeutelfahne oder Wertbeutelsackfahne.

Sollte es sich bei der Inhaltsfeststellung eines Wertsackes herausstellen, dass ein in einem Wertsack versackter Versackbeutel statt im Wertsack in einem der im Wertsack versackten Wertbeutel versackt werden muss, so ist die in Frage kommende Versackstelle unverzüglich zu benachrichtigen.

Nach der Entleerung wird der Wertsack wieder zu einem Beutel, und er ist bei der Beutelzählung nicht als Sack, sondern als Beutel zu zählen.

Oiss klar?
Beitlt ghörns
und ei'gsacklt.

(Diese sogenannte Verlautbarung verbraucht 124 Wörter. Die zehn Gebote kommen mit 88 Wörtern aus.)

A wenge deppert san ma scho

*Hantiges
und
Grantiges*

Gockl vor Gericht

A Gockl steht heit vor Gericht.
„Der kräht so laut, das tut man nicht,“
so moant da sell aus Wanne-Eickel,
selber zuazogn und doch heikel
auf oiss, was ländlich klingt und riecht,
er protestiert: „So geht das nicht!“

Er hört de Glockn von da Kuah,
- de von da Kirch gebn aa koa Ruah -
und d’ Frösch, de quaken eahm vui z’laut,
da ghört amoi an Tisch naufghaut.

Es stinkt nach Odel und nach Gras,
nach Stoi, nach Silo - sunst no was,
bloß net in Feldweg einitrettn,
nix wia Baaz und Kout und Lettn!

„Ich zog aufs Land in die Idylle.
Ich pfeif auf Gockl, Duft von Gülle.
Hier ist es laut. - Hier riecht es schlecht.
Ich klage an. - Ich kämpf ums Recht.“

Der Richter schaugt’n recht gnau o
und denkt si: „Liaba, guada Mo,
i mach a Urteil jetzt für zwoa,
da Gockl is net schuid alloa.“

„Herr Gockl, du kriagst Stall-Arrest,
i moan, dees is für di dees Best
‚Arrest mit Freigang’, auf Bewährung’
... und ‘s nachste Jahr kimmt die Verjährung.“

„Und nun, mein Herr Idylle-Kläger,
Herr Landluft- und Geräusche-Jäger,
ich gebe Ihrer Klage statt:
Lebenslang - ab in die Stadt!

Dort lebt des Menschen Lieblings-Vieh,
das Auto, und es kräht gar nie,
auch stinkt es nicht nach Hühnerdreck,
mit einem Wort: Der Schreck ist weg.
Drum geb ich Ihrer Klage statt:
Lebenslang - ab in die Stadt!“

Urlaubers Qual

*Möchst irgendwo an Urlaub macha,
soist net dableibn - konnst da lacha?
Du siehgst de großn Tafeln,
de vom Tagesausflug schwafeln.*

*Da soist hi'fahrn und aa durt,
ja net dableibn - nix wia furt!
Fahrn und fahrn, im Auto hucka,
im Bus drin d' Urlaubszeit vadrucka:*

*Nach Salzburg muasst und aa nach Minga,
zum Cheamsee woins di aa no bringa,
nach Berchtsga'n, auf Reichahoi,
zum Wolfgangsee auf jedn Foi,
am scheenstn is z' Venedig drunt,
dort bleibns dann länger wia'r'a Stund.*

*Es is scho bläd, ma glaubt's ja kaam,
mia zappn uns durchs ganz Programm.
So samma hoit, mia blädn Deife,
's Dableibn lasst an großn Zweife,*

*ob irgendwo was Bessers waar,
was ma ham, dees lasst uns laar.
I siehg uns scho am Gipfe steh:
„Mensch, da schaug hi, da drübn waar's schee!"*

De Autobauer

De Autobauer san scho Hund,
de ham Ideen ganz kunterbunt:
Da Schafför und aa sei Frau,
de kriagn a Multimedia-Schau.

Und hint dro, auf de vordern Sitz,
- dees is koa Gaudi, is koa Witz -,
da san zwoa kloane Buidschirm dro
für de da hint - mei liaba Mo.

De kinnan mailn und internettln
und a schriftlichs Gschmaaz o'zettln:
„Ich liebe dich. Liebst du mich auch?"
Seine Antwort: „Ja, dich auch."

Sie surfen, kucken, holdrio,
dem Moorhuhn geht's dann aa no dro.
Grad lustig is's - es tröpfln d' Augn,
sie brauchan nimma aussi schaugn

zu dene blädn Wiesn, Felder,
zu dene Berg und Flüss und Wälder.
Sie hoin de Welt a'n Buidschirm eina,
geht's no scheener, geht's no feiner?

Weg mit de Augn vom Landschaftsschmarrn!
Glotzen soist beim Autofahrn!
Wetzts no rum auf eierm Arscherl
und bleibts drinna im Garascherl!

Neue Unterhaltungskultur

Mensch, da schaug hi, da sans ja wieder,
die Astrid und ihr Freind, da Dieter,
am Bistro-Tisch, dem staadn Ort,
da hockans da und redn koa Wort.

Da endli piepst's im Westntascherl,
bei ihra, woaßt, dem stummen Hascherl.
Sie schiabt dees Händi unter d' Haar,
da is's mi'm Staadsei aus und gar.

Sie plappert, driefet, schmatzt und schwafet,
sie wuislt, lacht und grinst und bafet,
und er, der Dieter, hört den Krampf,
bla bla bla und Rüassl-Dampf.

Da werd's eahm z' bläd, er draht si um,
packt sei Händi, tippt herum
und quasslt los, ganz frei und frisch,
dees is die Partnerschaft bei Tisch:

Ja net mit dem redn, der da hockt,
eahm zuahörn, spürn, was'n so plagt,
naaa, mi'm Mensch weit weg und fern,
den ma net siehgt, da redt ma gern.

's Mitnander-Redn, dees hört si auf,
bloß mi'm Händi sans guad drauf:
A jeder hört's, a jeder siehgt's:
Mensch, da schaug hi, bei dem da piepst's!

Schick und schnieke

Dees is scho schick, dees is scho schnieke,
moant da Horst und die Ulrike:
Sie ham a schwarze Sunnabruin
- net genga d' Sunn, um Himmes wuin -,
ob's finster is, ob's schattig werd,
sie steckt am Hirn, wo s' aufi ghört.

Sogar der Onkel und die Tante
tragns auf d' Nacht im Ristorante.
Und aa de Oma fuit si jünger,
auf sie deitns mit de Finger.

Ja, Himme, Arsch und Zwirn:
Bruin brauchst aufm Hirn!
Jung und sportlich, zack-zack-zack,
woaßt, dees is a Mode-Gag.

Was ham de Bruin am Kopf valorn?
Vielleicht sans Sonnenkollektorn
für de Sparer, net de Prasser:

(Geh biesln:)

Du hast ständig warmes Wasser.

De neie Wedaschau

Da Weda-Frosch, der hat bloß quakt,
wia 's Weda morgn werd, hat er gsagt,
sunst nix, koa Gschmaaz, koa langes Gred,
doch so oafach mögn ma's net.

Den Weda-Frosch, den hams vatriebn,
da Weda-Kasperl is uns bliebn:
Mi'm Mikrofon, da hupft der Gankerl
durch d' Landschaft wia da Sparifankerl.

Er sagt, wia 's Weda <u>gestern</u> war,
- hochintressant -, is dees net wahr?
Dann zoagn a paar so Witzfiguren
von ganz Deitschland Wetterspuren.

Am Schluss, da tippens unverbindlich
kreuz und quer und oft recht kindlich,
was für a Weda kemma kunnt,
da drobn, da drent, da hint, da drunt.

Hoch leb de neie Wedaschau
mi'm Kasperl für an Hirnwauwau!
Denn der sagt ganz unverdrossen:
‚zeitweilig' ‚nicht ausgeschlossen'.

Und damit hat er manchmoi recht,
irgendwo werd's guad, werd's schlecht.
Oans lass ma uns bestimmt net nehma:
Irgend a Weda werd scho kemma.

Freizeit-Fortschritt

Mei, früahra warn de Leit no bläd,
- wann's stimmt, was in da Zeitung steht -,
da sans no aussi in d' Natur,
de warn no dumm, de warn no stur.

San draußn glaffa, Radl gfahrn,
an Berg z' Fuaß auffi - ohne Schmarrn,
ham Bleame grocha, Wolkn gsehng,
da warns scho z'friedn. Warn de plemplem.

Heit sans gscheiter, net so dumm,
am Fließband laffans in da Stubn.
Da brauchans net d' Natur o'schaugn,
da schonans eahnre Batzl-Augn.

Zum Radlfahrn hams a Maschin,
koan Meter fahrts - ein Lustgewinn!
So schwitzns drin im Fitness-Kammerl
für d' Muskln, woaßt, und genga 's Wammerl.

So radlns, laffans hart und züchtig,
nur d' Zählmaschin is da no wichtig.
So sinnvoll ko de Zeit vergeh,
... und draußn waar dees Weda schee!

Mei, früahra warn de Leit no bläd -,
wann's stimmt, was in da Zeitung steht -,
da warns no dumm, da warns no stur:
Da sans no aussi in d' Natur.

Erich Fiedler
2001

Vorweihnachts-Tamtam

Oktober is's, 's is hächste Zeit
für acht Wocha Weihnachtsfreid.
Wosd' hi'schaugst, gibt's scho Weihnachtssachan,
Gschenkerl, de a Freid boid machan.
Jeder Schmarrn kriagt Schleiferl, Kerzerl,
Glöckerl, Zweigerl, Weihnachtsherzerl.

„Kaaf mi! Kaaf mi!" plärrt dees Zeig,
da glang i hi - i bin net feig -
zerscht kaaf i meiner liabn Mausi
a schokoladers Nikolausi.

Dann wart i fünf, sechs Wocha lang
- jeds Moi is dees a schwarer Gang -,
im Supermarkt werd's oiwei lauder,
und d' Weihnachtsstimmung no dahauder.

Dees Klingeling, dees plätschert süass,
pritscht aufn Kopf, bis zu de Füass,
de letzte Woch, werd's wirkli wax,
da huift dann bloß no Oropax!

Denn laud muass sei und schrill und gscheckert,
weils Angst ham, dass sunst 's Gschäft varreckert.
Bloß nix Staads!... D' Leit soin net denga,
de soin was kaffa, soin was schenga.

Und... i.... kaaf... nix. Grad extra net,
i scheiß ma nix ums bläde Gred.
I pfeif aufs Vorweihnachts-Tamtam,
i möcht..... a Osterhasi ham.

A wenge deftig mögn ma's aa

Da Biesl-Bubi

„Sechs Jahr bist oid - es is a Gfrett -
und bieslst jedn Tag ins Bett,
i schneid d'an ab", so plärrt der Papa,
„wann nix mehr da is, werd's scho klappa."

Der Bubi rennt ganz schnell davo,
zum Freind und redt von Mo zu Mo:
„Da Papa mit da Schaar..... klapp klapp,
der schneidt ma - waoßt - dees Ding da ab."

„Scheiß dir nix!" moant drauf der Tone,
„mia hoitn z'samm, ob mit, ob ohne,
du brauchst jetzt nimmer plärrn,
glei werst gscheida wern.

Pass auf:

I hab mei Schwester gsehng - i Hund -
beim Duschn, woaßt, von obn bis unt.
Achtzehn is's und schlank und glatt,
der hams aa'r'amoi ..schnappschnapp.

Wann's sauber gmacht is, liaba Spezi,
is's aa net schiach, dees Nackabezi."

Sexualkunde: Note 6

„An Sechser gibt uns dieses Weib.
I glaab, de hat's, de is net gscheid,"
so brummt da Gustl hi zum Wagge,
„de moant, mia zwoa san bläde Facke.

Da Unterricht vom Sex is wichtig,
da pass ma auf, da samma tüchtig,
mia wissn oiss, ham vui probiert,
dees gebn ma zua, ganz ungeniert.

Den Schmarrn vom Storch, den glaubn ma nimmer
- a paar von uns, de san no dümmer -.
Mia zwoa san völlig aufgeklärt,
erwachsn boid, so wia si's ghört.

An Sechser gibt uns dieses Weib,
i glaab de hat's, de is net gscheid."
„Woaßt, was ma doan," moant drauf da Wagge,
„du haltst as fest - i packs beim Sacke."

D' Rheima-Henner

Da Bertl, der vaziagt sei Gfrieß,
er is so plagt mi'm Rheimaties,
er geht so scheps und gachezt laut,
a Mannsbuid hoit - a arme Haut.

Da guade Freind, der woaß an Rat:
„Da huift koa Salbn, koa warmes Bad,
du muasst a Henn ins Bett mitnehma,
dann werd's leichter, dann werd's scheener.

De pludert si, de macht dir warm,
is guat für d' Haxn, guat für d' Arm,
denn: Federn san dees beste Mittel,
hat di da Wehdam am Schlawittel."

Der Bertl, der probiert den Rat,
den eahm sei Freind, der Max, gebn hat.
Er nimmt zwoa Henna mit ins Bett,
doch mit de Henna is's a Gfrett:

De oa,
dees muass a Bruathenn sei, Mensch Meier,
de geht net oba von de Eier.

De ander erscht - ui jeckerl! -
de klammert si ganz fest ans Steckerl!

2001

Hör-Probleme

„Herr Dokta, i woaß nimmer weider,
wann i oan fahrn lass - leider, leider -,
dann hör i's net - es is a Kreiz,
in meine Ohrwaschl, da feit's.

Mi'm Hörn werd's oiwei schlimmer,
dees Pffft, dees Bwwwt, dees hör i nimmer,
da steh i da und schaug recht bläd,
wann da oa auf d' Seitn geht.

Früahra bin i selm davo,
wann's an Pfeifffera hat do,
dann hab i ma's so g'richt
mit a'm vorwurfsvollen G'sicht."

Da Dokta schaugt'n recht lang o
und sagt: „Mei liaba, guada Mo,
mit dera Salbn und mit dem Schleim
muasst täglich dir an Bauch ei'reibn."

„An Bauch ei'reibn? ...I mach's ja gern.
I frag bloß bläd: Huift dees beim Hörn?"
„Na," sagt er, „d' Ohrn wern no dahauder,
aber d' Schoasserl wern jetzt lauder."

Drei Maderl und drei oide Böck

Drei Maderl, zwischn neinzg und hundert,
san recht resch drauf, neamd hat dees gwundert.
Heit is's recht hoaß, ui, jäminä,
da hat de oa a Blitzidee:

„I bleib net hocka, na, da schwitz i.
Wissts, was i dua: Schaugts her, jetzt blitz i.
Heit geil i s' auf de oidn Böck,
da werns zahna drunt am Eck!"

Scho knöpft sie si dees Gwandl auf,
oiss rutscht a'n Bodn, recht wuid is's drauf.
Da steigts scho obi, splitternackert,
de Manner ham glei grunzt und gackert.

„Du, Sepp, dees is doch allerhand,
dees is doch d' Lies mi'm neia Gwand,
o'gebn möchts - 's werd oiwei schlimma,
doch bügeln hätts dees Gwand scho kinna."

De Kuah vo Eggenfelln

Der Wastl hat a Kuah dasteigert,
a scheenes Viech, dees nix verweigert,
gibt Milli, frisst und werd schee fett.
Doch boid, da is's a richtigs Gfrett:

Da Bläschl hängt ihr zweitest raus,
grantig is's und bäs schaugts aus.
Sie kaut und kaut, moi so, moi so
und rotzt und motzt und glotzt di o.
Und kimmt da scheeenste Stier vom Land,
dann druckt sie si mi'm Arsch an d' Wand.

„De muaß von Eggenfelln drunt sei",
moant der Wast, „o mei, o mei!"
„Wia kimmst jetzt da drauf?" fragt der Spezl,
„dees is und bleibt für mi a Rätsl".

„Mei, woaßt, i hab scho lang a Frau
und i vergleich de zwoa genau:
Mei Oide ko si net verstelln,
de is aa vo Eggenfelln".

Da gscheide Regnwurm

D' Spaghetti san scho wuide Hund,
de oan liegn obn, de andern drunt,
einigwicklt, umidraht,
gwuzlt, gsuzlt, z'sammagnaht.

Schlaufen, Schlingen, Knoten,
dees ghörat glatt verboten.
Eng umschlungen, wuide Strudl:
Nix wia Nudl, Nudl, Nudl.

A Regnwurm kriacht zum Tellerrand
und siehgt dees Nudldurchanand.
Dann glangt er si ans Hirn:
„Ja, so vui weiße Würm!

Da gibt's für mi koan Zweife:
Dees is Gruppnsex. Pfuideife!"

Nach'm Volksfeschtle

Nach'm Volksfeschtle bin i aufs Parkplätzle ganga.
I hab nach rechts und links gluagat...

...und wia's graaad a so plätscharrra duat,

klopft so a Schwaaab auf mei Schultrrr und sagt:

„Was urrriniera Sie an mein Waaaga naaa?

Dees isch doch koi Platz zum Harrrne.

Wenn Sie biesele wolle,

müassa Sie da naaa schtrrrahla,

wo andrrre Leit ao ihrrr Wassrrr abschlaaaga,

und

net daaa herrr pinkele,

Sie Schiffbeitl,

Sie versoichtrrr."